AF239991

ADIEUX

DE

RASQUERO, DOMINIQUE-ANTOINE

A SON PAYS

ET

A SON AMI N., CAPITAINE MARIN

———◆———

PARIS

IMPRIMERIE CENTRALE DES CHEMINS DE FER

A. CHAIX ET Cie

RUE BERGÈRE, 20, PRÈS DU BOULEVARD MONTMARTRE

1876

BIBLIOTHÈQUE NATIONALE — R.F. — IMPRIMÉS

A Monsieur N...

CAPITAINE MARIN A AJACCIO

Tu n'étais pas hier au nombre des rares amis qui se sont rendus sur le quai Napoléon pour me donner la poignée de main de départ !...

Tu ignores même que je suis parti, et pour ne plus revenir ! — Si quelqu'un t'en apprenait la nouvelle, quelle excuse trouverais-je à tes yeux ? — Hélas ! peut-être accuserais-tu mon cœur d'ingratitude ! Que je prévienne donc le hasard des nouvelles colportées par les indifférents et les curieux, et que le premier, en t'annonçant mon éloignement, je t'en dise les causes, — tu me plaindras sans doute ; — l'idée ne te viendra point de m'accuser.

Adieu donc, cher et vieil ami de mon enfance, et au revoir dans l'éternité !

*
* *

*
* *

J'avais seize ans en 1843. — La grande navigation transatlantique n'était pas encore créée. — A seize ans, je m'éloignais de mon pays, et parcourais les vastes côtes du GRAND OCÉAN.

Les plus belles années de ma jeunesse s'écoulèrent dans les régions australes du MOZAMBIQUE, de la mer des INDES et de la mer de CHINE. — Je grandis sous les rayons du feu des TROPIQUES.

Le désarmement du navire où je servais comme aspirant de marine me ramena à Lorient. — L'amour du pays et de la famille m'attirèrent en Corse ; — mais mon cœur s'élançait impatient vers les contrées vierges où il s'était formé.

Mon frère, du reste, avait pris possession des mers que j'avais quittées. — Il les explorait depuis quatre ans, à partir du CAP DE BONNE-ESPÉRANCE jusqu'au GOLFE PERSIQUE. — Tout d'un coup on m'apprend sa mort... On l'avait tué !

Je pris aussitôt en horreur ces contrées. — Je démissionnai et ne songeai plus qu'avec dégoût aux poudres d'or de ZANZIBAR ; aux produits féeriques de MANILLE, aux aromes excitants de

Formose ; aux blanches et paresseuses *Bayadères* du Bengale et aux folâtres jeunes filles d'ébène du Malais ou de Sumatra.

Désormais, je me donnai tout entier à la famille et au sol natal ; — je leur vouai mon cœur et mon travail.

*
* *

A quarante-quatre ans, je n'avais pas encore songé à me donner une compagne. — Tu fus le premier à m'y inviter ; — je cédai à tes conseils et me mariai, en 1872, avec Mlle Santamaria *Marianne*.

On m'avait recherché, quoique pauvre, parce qu'on avait pressenti en moi la richesse du cœur et l'amour du travail. — Aussi me proposai-je de répondre aux espérances que l'on avait conçues sur mon avenir.

Je consacrai une partie de la dot qu'on avait fait à ma femme (1) à une installation aisée et confortable que mon travail devait entretenir ; et avant la fin de l'année 1872, j'achetai une petite forêt dont l'exploitation fut terminée en quelques mois, avec un bénéfice raisonnable.

Aussitôt, j'entrepris une autre exploitation de *pins maritimes*. La dépense s'éleva à plus de 23,000 francs et mon bénéfice atteignit plus de 4,000 francs.

Dieu bénissait mes efforts ; — le succès couronnait mes fatigues.

Une troisième forêt se présente, elle comprend des chênes blancs et des pins *Laricio*. Je m'associe à un commerçant pour exploiter les chênes blancs. — J'entreprends seul l'exploitation de pins *Laricio*.

---

(1) 7,000 francs !

Mais il me faut emprunter pour faire face à cette double dépense qui s'est élevée, en effet, à plus de 53,000 francs. J'emprunte à mon beau-frère, François Santamaria la somme de 2,000 francs. Son frère SAUVEUR et MARIANI, Antoine, me fournissent des marchandises que je paie au fur et mesure de la consommation. C'est ainsi qu'en me venant en aide, je fais valoir leurs propres intérêts.

Mes exploitations sont terminées, les bois sont rendus à la marine. Les rentrées vont bientôt couronner les dépenses. — Je n'ai de découvert que vis-à-vis de mes beaux-frères; je dois à SAUVEUR et MARIANI 4,500 francs de marchandises. — Soudain, le VERITAS enlève cinq années de première côte aux navires construits avec du bois provenant de la Corse! Jusque-là, le VERITAS reconnaissait à nos essences douze années de durée. — De par L , désormais, elles ne peuvent plus vivre que sept ans! — Elles tombent tout à coup dans une désastreuse dépréciation.

C'est en vain que nous voudrions attendre que les prix augmentent; les bois se perdent sur la plage; et du reste, comment attendre quand on a tant de dépenses à découvert?

*
* *

. . . .

Je suis allé à GÊNES; — mes correspondants m'ont pressé de tenir à mes engagements, en leur livrant les quantités qui leur étaient promises. — Du reste, on parlait à la bourse d'une hausse prochaine. — Je fais embarquer mes bois... Les dépêches m'apprennent qu'ils ne peuvent être vendus qu'avec une perte immense. — J'en suspends encore le débit. — Enfin, il faut vendre, et les bois que l'on payait de 45 à 50 francs le mètre cube me reviennent vendus à 20 et 22 francs.

Cette catastrophe me surprend à Solenzara.

Je ne suis pas assez fort pour en supporter les effets.... Je m'empresse de rentrer dans mes foyers. — Près de ma famille le contre-coup du désespoir sera moins violent. — J'arrive malade ! — A cette même époque, on apprend la mort de mon neveu, Tavera *Félix*, jeune capitaine marin ! — Le deuil est dans le cœur de tous mes parents ; — ma femme est absorbée par les devoirs d'une semblable situation. — Elle quitte mon chevet, pour aller pleurer chez ma sœur ; et le dirai-je ? je trouvais un charme égoïste dans ma propre douleur. — On dirait que cela retardait ma ruine.

Enfin nous sommes réunis ! — Ma femme peut se retourner vers moi et se consacrer aux soins qu'exige mon propre mal. — Oh ! que j'ai bien fait de donner une sœur à mon âme ! Elle compatira à mes souffrances ! Son sourire séchera mes larmes et son amour me sauvera du désespoir ! Du reste, que ne ferais-je pas pour réparer les torts de la fortune et empêcher que ma compagne n'en ressente les tristes effets ! L'amour est aussi fort que la foi !

*
* *

. . . .

Voilà ce que je lui ai dit ce matin. Dieu veut nous éprouver. — Les nouvelles que je reçois d'Italie m'apprennent que notre bois a été vendu dans de bien mauvaises conditions. — Amie, il faut se roidir contre le malheur. — Mon travail réparera bientôt les pertes que nous venons de faire. — Ce que je regrette le plus, c'est de ne pouvoir faire rentrer tes frères dans leur avoir. Mais je mourrai à la tâche, ou bien ils seront payés. — Je cessai de parler, parce que les larmes de ma compagne appelaient les miennes.

J'étais loin de lui en vouloir, d'éprouver une légitime douleur en apprenant la nouvelle d'un désastre qui nous était commun.

Dans la journée, je me sentis assez fort pour me relever du lit où la fièvre me retenait depuis une semaine.

Ma femme était sortie. Elle rentra bientôt, et me dit avec un ménagement dont je lui sus gré, que notre situation exigeait que nous vivions désormais avec plus d'économie ; qu'elle avait déjà loué un appartement plus modeste et moins coûteux ; qu'il convenait immédiatement d'y transporter notre ameublement pour être prêt à la fin du mois de quitter notre ancien logement. — Je restai silencieux et triste. Je la laissai faire et assistai avec une morne résignation au déménagement de mon modeste mobilier.

Bientôt il ne restait plus à enlever que le lit et quelques chaises... Allons, lui dis-je, conduis-moi dans cet appartement nouveau où nous allons commencer une nouvelle vie.

A ces mots elle se trouble. — Pourquoi t'affliger, ma bonne amie? Rien ne me manquera si je conserve ton amour. — Du reste tu ne t'apercevras jamais que nous sommes plus pauvres. — Je travaillerai tant que rien ne manquera à ton bien-être et peut-être à tes légitimes désirs ! — Allons voir le logement que tu as choisi.

*
* *

Mon cœur est brisé ! toutes les douleurs l'ont assailli à la fois et l'ont desséché ! — Ma femme m'a répondu : « *Je n'ai choisi aucun logement ; je me retire chez mes frères, et toi tu iras vivre auprès de tes parents !* »

Et ces meubles qu'elle a sortis l'un après l'autre ; et le lit même qu'elle voulait faire enlever, c'était pour emporter quelques gages de sa dot et me jeter nu dans la rue !

J'allais répondre.... Craignant sans doute les justes emportements de ma colère, elle en a évité l'éclat et je suis resté seul. — Oh! seul et pour toujours cette fois! veuf et sans enfants! — Mais non! je ne t'ai pas dit que ma femme était dans les derniers mois d'une grossesse tardive et inespérée. — Et elle m'a abandonné quand j'allais être père! Oh! que Dieu lui pardonne par égard de l'innocent qu'elle nourrit dans son sein.

*
* *

18 octobre 1875.

On frappe avec violence à ma porte. — Je n'ouvre à personne! les pauvres n'ont plus d'amis. Toute visite est maintenant importune! A qui voudrais-je, d'ailleurs, montrer la nudité de mon appartement? — On frappe avec plus d'insistance : *Ouvrez au nom de la loi!* Je pâlis; mon front se courbe machinalement. — Mon Dieu! c'est donc un crime d'être pauvre. Je vais ouvrir. — Vous êtes arrêté, me disent les agents de l'autorité, suivez-nous! — Je les suis en leur demandant les causes de mon arrestation.

Votre beau-frère, M. Santamaria, François, me dit-on, vous a dénoncé au parquet comme coupable de banqueroute frauduleuse. — Il n'est pas vrai, que vous ayez fait des pertes réelles dans la vente de vos bois! Vous avez, d'après lui, dissipé partie de votre fortune dans le jeu, et vous dissimulez l'autre pour ne pas payer vos dettes.

En écoutant ces paroles avec la plus grande stupidité, on me montre vis-à-vis mon logement, à une fenêtre d'un ancien ami de la maison, une dame causant avec gaieté avec une autre personne.

M'a-t-elle vu, tandis qu'on me conduit dans les prisons de la ville? Cette dame... c'était ma femme!

*
* *

Le 9 octobre 1875, j'avais reçu la lettre suivante :

Monsieur Rasquero Dominique Antoine, marchand de bois,
à Ajaccio.

    Monsieur,

Si dans quarante-huit heures vous n'avez pas déposé votre bilan au greffe du Tribunal de commerce de cette ville, je vous informe que je vous réfère au procureur de la République.

F. SANTAMARIA.

Je répondis à cette lettre en engageant son auteur à venir s'édifier sur les causes de mon désastre par l'examen de mes registres. Il s'y refusa. — Deux jours après, je déposai mon bilan au greffe du Tribunal de commerce d'Ajaccio. — Le 14 octobre, M. SANTAMARIA me dénonçait au parquet en alléguant que je n'avais rempli aucunes formalités voulues par la loi ; que mon bilan ne contenait aucune indication, aucun détail de ma situation active et passive ; — que ma faillite était frauduleuse ; — qu'après la cessation de mes paiements, j'avais donné de l'argent au détriment de mes autres créanciers. — Le 19 du même mois, M. SANTAMARIA FRANÇOIS était entendu par M. le juge d'instruction ; il confirmait oralement les faits contenus dans sa dénonciation et donnait pour preuve *ma propre femme,* SA SOEUR !

*
* *

J'ai été relâché deux heures après mon arrestation. M. FRANÇOIS SANTAMARIA, me croyant en prison, faisait fête et offrait des consommations dans la buvette FOCI. Et ma femme, ignorant, elle aussi, ma mise en liberté, supportait avec la plus grande indifférence mon incarcération, encouragée par sa sœur et cette *fille* que son frère François Santamaria a introduite dans sa famille et dont le nom n'est pas encore effacé des registres de la *maison de tolérance*.

*
* *

Une ordonnance de non-lieu était intervenue. Sur l'insistance de M. FRANÇOIS SANTAMARIA, le ministère public a continué ses poursuites. — J'ai été donc traduit devant le Tribunal correctionnel sous la double prévention d'avoir tenu irrégulièrement mes registres et d'avoir dissimulé une partie considérable de mes dettes.

Par jugement en date du 18 février 1875, j'ai été relaxé des fins de la plainte et de ses suites.

*
* *

8 janvier 1876.

. . . .

L'heure de la délivrance a sonné pour ma femme ; — elle va être mère ! — On m'apprend cette nouvelle. — L'amour-propre me retient loin de son chevet ; mon cœur s'y transporte. — Dieu tient en ses mains le fil de mes destinées. Un fils, Seigneur, un fils, et je pardonne. A chaque minute, on m'apporte des nouvelles de son état.....

Tout est fini pour moi, ô mon Dieu, vous lui avez refusé le bonheur de la maternité. Elle avait tué mon amour dans son cœur. Vous avez tué dans son sein le fruit de notre amour.

*
* *

Et maintenant adieu, mon beau pays de Corse ! Terre de feu d'outre-mer. C'est vers toi que je m'élance encore. C'est à tes ardeurs que je vais demander de consumer mes souvenirs et mes regrets. — Soleil des Tropiques, vous êtes moins inhumain que celui qui réchauffe des êtres comme ceux que je voue au mépris et à l'opprobre de mes concitoyens. *Mauvais fils, — mauvais frères, — mauvais époux ;* famille des Santamaria, je vous maudis !

*
* *

Quand tu liras ces pages, je serai mort au monde de la vieille Europe. La famille de mes alliés m'en a banni à jamais.

Que mes parents naturels me pardonnent, ainsi que mes amis ! J'emporte dans mon cœur leurs noms et leur souvenir ! Je les remercie de leur affection et de leurs sympathies. A eux comme à toi, je vous dis encore une fois adieu dans l'éternité !

F. A. RASQUERO.

Paris, 6 mai 1876.

IMPRIMERIE CENTRALEE DES CHEMINS DE FER. — A. CHAIX ET Cᵉ,
RUE BERGÈRE, 20, A PARIS. — 6952-6.

www.ingramcontent.com/pod-product-compliance
Lightning Source LLC
LaVergne TN
LVHW010225060726
842527LV00007B/2621